London

lieben lernen

Der perfekte Reiseführer für einen unvergessli-
chen Aufenthalt in London inkl. Insider-Tipps,
Tipps zum Geldsparen und Packliste

Emilia Sparringa

✈ INHALT

Der Mittelpunkt der Welt

Keine Übertreibung! London war im 19. Jahrhundert schon einmal der „Mittelpunkt der Welt"! Dank der damaligen Königin Victoria, daher auch der Ausdruck des „Victorianischen Zeitalters", hatte die Hauptstadt des Landes das Bestreben, wichtigste Großstadt der Welt zu sein. Und nicht nur das: London bildete tatsächlich durch eine bestimmte Uhr das Zentrum der Welt. Wenn man sich „Big Ben" an der Westminster Bridge anschaut, hat man ein einmaliges Zeugnis für dieses

Unterfangen vor ca. 170 Jahren. Sie stehen vor der noch heute größten viergesichtigen Schlaguhr der Welt. Die Engländer wollten passend zum „Mittelpunkt der Welt" eine Uhr erbauen, die gut sichtbar, nach allen vier Himmelsrichtungen, in riesiger Höhe, freistehend und zugleich fast sekundengenau die Zeit angibt. Die Macht über die Zeit, die Macht über die Welt! Und dies ist die Botschaft der Engländer an die Welt gewesen: Hier ist man am Puls der Zeit und jeder kann es sehen, nach Norden, Osten, Süden und Westen.

Wenn Sie für den Besuch Londons 4 Tage einplanen – also einen Kurztrip –, seien Sie darauf gefasst, dass es schier unmöglich ist, dieser Fülle an kulturellen „Abdrücken" auch nur annährend gerecht zu werden. Aber man kann sich dann auf die außerordentlichsten Bauwerke und Plätze konzentrieren. London ist eigentlich ein frei begehbares Museum, ohne „Eintritt" bezahlen zu müssen. Entweder Sie planen von vornherein 10 Tage oder mehr ein oder Sie wiederholen den Trip nach London später, um weitere Teile der Stadt zu erforschen.

Ohne Königin Victoria ist die Stadt London eigentlich gar nicht zu verstehen. Ihr Leben selbst ist nebenbei erwähnt ohnehin schon einen Roman wert. Ihre Trauer um ihren verstorbenen adeligen Ehegatten aus Deutschland wird später noch erwähnt, wenn es um die „Royal Albert Hall" geht. Sie modernisierte London in vielen Bereichen: die Eisenbahnlinien, die Schaffung eines ausgeklügelten Abwassersystems, der oben erwähnte Big Ben zur Etablierung als „wichtigste Stadt der Welt" und die Einführung der Telegraphen-Technik. Mit dem Telegraphen verbesserte sich die Kommunikation zum „British Empire", später Commonwealth, enorm. Es war jetzt möglich, in kürzester Zeit Länder wie Indien, Australien und Afrika mit Informationen zu versorgen bzw. von ihnen Nachrichten zu erhalten.

Wichtig aus der Geschichte heraus ist auch immer das Bestreben Englands, für das „Gleichgewicht der Mächte" in der Welt zu sorgen. Zudem verbindet England ein starkes Band zu den freiheitsliebenden Amerikanern und dann noch die prädestinierte Stellung in Europa durch die geographische Abtrennung vom Kontinent. Will man die Engländer verstehen, nutzt es sicherlich viel, dies zu berücksichtigen. England hat es geschafft, mit London eine der wichtigsten Metropolen der Welt zu beherbergen. Nicht ohne

Grund wehrt sich die Europäische Union vehement gegen den Brexit bzw. den Austritt Großbritanniens aus dem Verbund (2019). Außerdem ist diese Stadt auch noch sehr schön. Vergleicht man sie mit deutschen Städten wie Berlin oder Hamburg, fällt das Urteil wohl ziemlich eindeutig aus.

Das ganze Land ist voll von Mythen und Sagen. Schon Goethe bedauerte im 19. Jahrhundert, dass Deutschland so wenig an Stoff für Dramen und Tragödien liefert oder geliefert hat. Darum beneidete er die Engländer, da sie in ihrer Geschichte aus dem Vollen schöpfen konnten und können. Sie sind so reich an Geschichten, Abenteuern und leider auch Kriegen (Artus Sage, Beowulf, Grendel, Tristan und Isolde, König Lear, Merlin, Parzival und Robin Hood, um nur die bekanntesten Protagonisten der Literatur zu nennen). Aber woraus setzt sich das britische Volk zusammen? Die Briten nennt man auch „die Angelsachsen". Sie wanderten ab dem 5. Jahrhundert aus Nord- und Mitteleuropa ein. Es waren germanische Völker aus Sachsen, Angeln, Friesland und Jütland. Die Römer zogen sich zur gleichen Zeit langsam nach Italien zurück. Viele Forscher behaupten allerdings auch, dass die vorkeltische Urbevölkerung einen großen Einfluss auf die Volksgruppe hatte, wenn nicht gar den hauptsächlichen.

Heute leben über 8,5 Millionen Menschen in London und damit ist es die bevölkerungsreichste Stadt der europäischen Union. Als die bevölkerungsreichste Stadt Europas kann man London nicht bezeichnen, denn Moskau liegt tatsächlich noch auf dem europäischen Kontinent und würde mit seinen fast 12 Millionen Einwohnern London den Rang streitig machen.

Das Leben in der Weltstadt

Geht man durch London, fällt einem sofort die Internationalität von Englands Hauptstadt auf. Man sieht Menschen aus „aller Herren Länder", die Kleidung von praktisch und leger bis durchgestylt tragen. Dass man hier über den „Tellerrand" guckt, liegt sicher auch daran, dass London Finanzmetropole Nr. 1 in der Welt ist. Also kommt auch die gesamte Weltwirtschaft um London nicht herum. Hier trifft sich das „Who`s who".

Wer in London ankommt, wird selten selbst ein Auto mieten, denn der Linksverkehr wird ihn zum Verzweifeln bringen. Man nimmt ein Taxi (die schwarzen gemütlichen Cabs sind nur noch selten zu finden!) oder man benutzt die ältesten U-Bahn-Schächte der Welt: die legendäre „Tube" („Die Röhre"). Das Flair einer Londoner U-Bahn-Fahrt wird nicht begleitet von Ruhe und Komfort, sondern gleicht eher einer „Kutschfahrt".

Man kommt spielend von einem Stadtteil in den nächsten, wenn man nicht gerade zu Stoßzeiten unterwegs ist. Die Londoner Underground zählt zu den weltweit größten ausgebauten U-Bahn-Netzen überhaupt. Kaum eine Vorstellung machen sich viele von der Größe so manch einer U-Bahn-Station. Es sind regelrechte „Shopping-Malls", fast durchgehend geöffnet, lichtdurchflutet und riesig.

Wie bei uns in Deutschland jeder morgens zum Bäcker geht, so laufen die Londoner morgens in die Supermärkte der U-Bahn-Stationen und holen sich Sandwiches für den Tag. Diese Kreationen aus „dreieckigem Toastbrot" kennt man inzwischen auch bei uns, in London jedoch finden Sie wirklich 10 Meter lange Kühlregale nur für dieses Produkt in den verschiedensten Variationen – verschiedene Brotsorten, hell oder dunkel, mit Körnern oder ohne, mit Salat und Zwiebeln, vegetarisch oder vegan und alles in unglaublichen Spezialisierungen. Meist betritt man kaum das Geschäft und steht schon direkt vor dieser riesigen Kühltheke.

Komfortabel ist es natürlich auch, mit einem klassischen schwarzen Cab durch London zu fahren. Man muss es unbedingt einmal gemacht haben. Die Sitze sind meist Sitzbänke und gegeneinander angeordnet, sodass, wenn man mit 4 Personen fährt, man von Angesicht zu Angesicht gemütlich durch die Stadt fahren kann. Die alten schwarzen Diesel-Cabs wird man nur noch ein paar Jahre sehen, da ihre Konzessionen auslaufen und nicht verlängert werden. Das ganze läuft natürlich unter dem Motto: „Saubere Innenstadt". Einige Unternehmen haben sich, um dem Aussterben dieser charakteristischen Autos entgegenzuwirken, Elektro-Taxen angeschafft, die vom Aussehen den alten schwarzen Cabs natürlich sehr ähnlich sind. Vergessen darf man natürlich auch nicht die für London typischen roten Doppeldeckerbusse, die noch in den 80er Jahren allgegenwärtig waren. Die Londoner nennen sie

„Routemaster" und sie waren meistens auf dem Oberdeck offen. Heute gibt es davon nur noch wenige, von denen die meisten für Stadtrundfahrten genutzt werden. Sie hatten auch eine offene Plattform, auf die man früher selbst an einer Ampel, wenn der Bus kurz stand, aufspringen konnte. Neue Busse wurden angeschafft, sie sind auch meist rot, aber auf jeden Fall ist die obere Etage überdacht und geschlossen. Trotzdem hat man von oben, insbesondere vorne sitzend, einen wunderbaren erhöhten Ausblick!

Was London von anderen Städten der Welt unterscheidet, ist zum Beispiel die Tradition der Engländer, in eigenen Häusern zu wohnen. Natürlich ging der Zug der Industrialisierung auch nicht an London vorbei, zumal die moderne Zeit damals ja sogar ihren Anfang in England nahm, und zwar mit der „Spinning Jenny", einem automatischen Webstuhl, anfangs noch mit Muskelkraft betrieben, doch bald darauf mit Dampfmaschinen. So wurde der Ausbau von großen Mehrfamilienhäusern längst nicht so stark wie in anderen Ländern betrieben. Was das Heizen eines Einfamilienhauses betrifft, haben die Engländer auch so ihre eigenen Vorstellungen.

Erzählst du zum Beispiel als Deutscher dem Engländer, dass du das ganze Haus beheizt, schüttelt er nur mit dem Kopf. Praktisch denkend heizen die Londoner nur 1-2 Räume, in denen sie sich tatsächlich aufhalten, ansonsten eben nach Bedarf.

Die Engländer gelten als ausgesprochen höflich. Das geduldige „Schlangestehen" an der Bushaltestelle ist ja schon legendär. Es geht alles mit Recht und Ordnung zu. Es wird nicht ordinär gedrängelt. Gar nicht dumm vielleicht, denn oft fängt der Ärger ja schon mit Kleinigkeiten an. Konträr dazu ist eigentlich der „Schwarze Humor" der Briten, aber auf jeden Fall immer köstlich. Weniger Spaß verstehen sie, wenn es ums Königshaus geht, denn viele Engländer treiben einen regelrechten Kult um die Queen und deren Familie.

Es ist nicht außergewöhnlich, sondern eher normal, wenn man eines oder eher viele Fotos der königlichen Familie an der Wand hängen hat. Und diskussionsfreudig sind die Briten ebenfalls, wobei auch hier immer alle Regeln beachtet werden müssen: aussprechen lassen, respektvoll miteinander umgehen, eben höflich sein. Als Begrüßung hört man fast immer das „how are you?", womit fast jedes

Gespräch zwanglos beginnt. Wir sagen ja auch, „Na, wie geht's?", doch Umarmungen sind bei den Briten natürlich nicht an der Tagesordnung. Dies findet nur im engsten Familienkreis statt.

Kann man nur wenige Brocken Englisch, ist es schon bei den einfachsten Begriffen manchmal kompliziert, sich zu verständigen. „Bitte" und „Danke", das braucht man ja jeden Tag und lernt man in der Schule als „please" und „thank you". Zweiteres ist natürlich richtig, „please" jedoch meint eher erfreuen, gefallen und beglücken. „To please everybody" heißt zum Beispiel „es allen recht machen". Will man aber auf den Ausspruch „thank you" richtig reagieren, da man jemandem vielleicht geholfen hat, antwortet man mit „you are welcome", also „bitte" oder „gern geschehen". Gibt man gleichzeitig zum Beispiel Geld an sein Gegenüber, kann man ebenso „here you are" sagen.

Will man als Tourist mit schlechten Englischkenntnissen glänzen, kann man sich folgende Redewendungen merken:

„To spend a penny"= Man will auf Toilette gehen

"Pulling one's leg" = Man neckt jemanden

"Not my cup of tea" = Man fühlt sich nicht dafür zuständig

Noch ein neues Wort aus dem Englischen gefällig? Es heißt „hangry" und hat sich inzwischen schon durchgesetzt. Es bedeutet schlechte Laune aufgrund von Hunger zu haben. Aber nicht vergessen: Der Engländer beschwert sich auf keinen Fall laut im Restaurant bei längeren Wartezeiten, sondern wartet geduldig, bis das Essen kommt.

Ein typisches sonntägliches Frühstück besteht in Großbritannien aus Speck, Würstchen, Bohnen, Tomaten, Pilzen und Blutwurst. Für uns sieht das Ganze dann eher nach einem Brunch aus. Bekannt ist ja den meisten auch die britische Teekultur „it`s teatime". Da Tee im 17. Jahrhundert sehr teuer aus China importiert werden musste, hat sich das Trinken von Tee in England auch als ein Statussymbol entwickelt. Anders als bei uns trinken die Briten den Tee vorzugsweise mit Milch, um dem Aroma die „Härte" zu nehmen, und sie streiten sich gerne darüber, ob zuerst die Milch oder zuerst der Tee in die Tasse kommt.

BIG BEN, TOWER BRIDGE UND WESTMINSTER ABBEY

Hier die wohl wichtigsten Bauwerke und Sehenswürdigkeiten der englischen Hauptstadt:

Big Ben

Wie anfangs schon erwähnt, sollte der „Big Ben" London zum Mittelpunkt der Welt aufsteigen lassen. Ursprünglicher Name war übrigens „The Clock Tower". Alle Fachleute Europas wurden hinzugezogen, um speziell die Genauigkeit der Zeitangabe in dieser Größe zu gewährleisten, und mussten kapitulieren. Man erzählt, dass ein Londoner Amateur-Uhrmacher die Lösung fand (Schwerkrafthemmer etc.) und dass seine Technik noch heute in sämtlichen mechanischen Uhren Verwendung findet. Nun hatte London ein Wahrzeichen, welches keine Stadt der Welt vorzeigen konnte. Die Engländer sagen zu den Glocken (5) „The Voice of Britain" und die größte Glocke ist zugleich Namensgeberin für das Bauwerk, denn sie wurde „Big Ben" genannt. Der Turm hat außerdem auch noch ein Glockenspiel, dass man sich auch vorab live auf „BBC World Service" anhören kann. Wie der „Schiefe Turm von Pisa" steht auch dieses

Bauwerk ein wenig schief – zwar nur ein bisschen, aber immerhin: An seiner Spitze ragt der Big Ben 46 cm zur Seite. Momentan ist der Turm eingerüstet. In zwei Jahren (2021) soll er dann unter anderem einen Fahrstuhl besitzen sowie ein LED-beleuchtetes Ziffernblatt mit wechselnden Farben.

Westminster Abbey

Westminster Abbey ist eine phänomenale Kirche und darf auf keinen Fall bei einem Besuch in London ausgelassen werden. Es gibt die Möglichkeit, wer es mag, sich gegen eine kleine Gebühr von einem Audio-Guide durch die Kirche führen zu lassen. In der Westminster Abbey, übersetzt bedeutet der Name etwa „Die Abtei des West-Münster", wurden seit etwa 1050 alle Könige gekrönt und beigesetzt! 1245 wurde die Kirche als Bau in ihrer jetzigen Form errichtet, alles im gotischen Stil, wie auch alle sonstigen Anbauten und die 2 Haupttürme, die in den folgenden Jahrhunderten dazu kamen. Viele Gräberabteilungen und Querschiffe beherbergen berühmte Tote wie Shakespeare, Livingstone, Chamberlain, Dickens, Händel, Heinrich III. usw.

Tatsächlich findet man in zwei Seitenschiffen die Gebeine von zwei berühmten Widersacherinnen jeweils rechts und links, deren Geschichte die Weltliteratur (Schiller) beschäftigt hat: Elisabeth I. und Maria Stuart, verborgen in großen, zum Teil marmornen Särgen. Bevor man diese Schiffe betritt, geht man durch einen länglichen Saal mit großen verzierten Holzstühlen zur rechten und linken Seite, über deren „endlosen" Lehnen riesige Banner hängen. Hier sollen in früheren Jahrhunderten die Ritter aus allen Teilen des Landes Versammlungen gehalten haben. Jeder Platz hatte dabei über sich sein familiäres oder stammesübliches Wappen, das wie eine Fahne über dem Ritter hinabhing (Heraldische Banner der Ritter des „Order of Bath"). Interessant dabei ist, dass sich der Begriff des „Order of Bath" auf die mittelalterlichen „Knights of the Bath" bezieht, was nichts anderes heißt, als dass vor dem eigentlichen Ritterschlag die Zeremonie und Initiation des Reinigens stattfand (was ja auch alte Rituale kennzeichnet, die den Jugendlichen in die Welt des erwachsenen Mannes einführt). Der Proband nahm ein Bad, um so einen Ritus vorzunehmen, der ihn dann dazu vorbereitete, zum Ritter geschlagen werden zu können.

Nicht vorbeigehen sollte man an dem Rosenfenster von Sir James Thornhill im südlichen Querschiff. Es ist einzigartig in seiner Größe und zeigt Jesus mit seinen 11 Aposteln. Kreisrund und in einzigartiger Größe symbolisieren solche Radfenster die „Launenhaftigkeit des irdischen Glücks". Außerdem zeigt der Kreis immer die Vollkommenheit und das Göttliche an. Das farbige Glas leuchtet in die Kathedrale hinein und wirkt beruhigend, es hat fast etwas Meditatives.

Solch ein Bauwerk würde allein mehrere Tage benötigen, um es gebührend in Augenschein zu nehmen. In der „Unterkirche" zum Beispiel befindet sich noch das Westminster Abbey Museum (Helme, Gläser, Skulpturen usw.). Für Gläubige ist natürlich schon allein das ganze Gesamtkunstwerk einer „katholischen Kathedrale" eine Offenbarung. Katholisches Gotteshaus ist natürlich nicht ganz richtig, denn die englische Kirche trennte sich ja vor hunderten von Jahren vom Papst und der katholischen Gemeinschaft. In dem Bereich der Theologie richtet sich die an-glikanische Kirche allerdings ganz nach jener der Protestanten. Der Papst verärgerte 1529 den englischen König Heinrich VIII., da sich der

König von England den Regeln über die Rechtmäßigkeit der königlichen Ehen im Katholizismus unterordnen sollte. Daraufhin gründete Großbritannien seine eigene Kirchengemeinschaft. Die Geburtsstunde der Anglikanischen Kirche hatte geschlagen!

Tower Bridge

Die Tower Bridge führt unmittelbar am „Tower of London" über die Themse. Daher hat sie ihren Namen. Sie ist „nur" etwas über 100 Jahre alt im Gegensatz zur London Bridge (1209 erbaut, vorher existierte hier jedoch auch schon eine Holzbrücke über Jahrhunderte) und der Westminster Bridge (1750), aber sie ist wohl das imposanteste Bauwerk und galt zu ihrer Zeit auch als technische Sensation, ist sie doch eine Klappbrücke. Heute können Autos über die Brücke fahren und in über 40 Metern Höhe überqueren die Fußgänger gleichzeitig auf einem rechten und einem linken „Gehweg" die Themse, auch bei aufgeklappter Brücke.

Ein Teil der Gehwege ist sogar aus 7-schichtigem Glas – also keine Angst vor Abstürzen –, sodass man auch noch einen schönen Panoramablick nach unten hat. Ein wenig beschwerlich ist natürlich das Treppensteigen, um überhaupt in diese Höhe zu gelangen. In den Brücken-Gewölben befindet sich auch ein Museum, dass die ganze Geschichte der Tower Bridge dokumentiert. So gibt es auch noch den Maschinenraum zu besichtigen, wo auf Hochglanz poliert die alten Dampfmaschinen mit ihren riesigen Rädern zu sehen sind, die jetzt natürlich nicht mehr in Betrieb sind, sondern von moderner Öl-Hydraulik-Technik abgelöst wurden.

Buckingham Palace

Der Buckingham Palace ist das Wohnhaus der Königin von England und wurde 1703 erbaut. Da die Queen im Sommer aufs Land zieht (Windsor oder Balmoral), kann man in dieser Zeit in den Palast hineingelangen. Zu allen anderen Jahreszeiten ist der Buckingham Palace tabu. Weht über dem Palast die königliche Fahne, ist die Queen zu Hause, weht der „Union Jack", ist sie nicht da. Kommt man zur falschen Zeit, gibt es aber immer noch genug zu sehen, beispielsweise die tägliche Wachablösung oder der Palast als solches. Falls man zur richtigen Zeit in London ist, geht es also hinein, aber man muss natürlich auch hier Eintritt bezahlen. Wie bei allen bedeutenden Gebäuden in London ist der

Eintrittspreis relativ hoch. Als Beispiel sind es hier 14,- bis 43,- €, je nachdem, was man alles begehen möchte.

Der ganze Palast hat über 700 Zimmer und es gibt wirklich viel zu sehen. Ein Musikzimmer, ein Blauer Salon, ein Weißer Salon und dazwischen eine riesige Galerie mit Gemälden/Originalen von Rembrandt, Van Dyck, Rubens usw. Dies stellt die Kunstsammlung des englischen Könighauses dar. Ein Original von Paul Rubens zu sehen, sollte man sich nicht entgehen lassen. Er lebte von 1577-1640 und war trotz flämischer Herkunft stark in den Niederlanden aktiv und auch der Lehrer von Van Dyck. Goethe betonte 180 Jahre später, dass er ein Meister unter den Malern war. Er schuf Kunstwerke, in denen 2 Sonnen die Schatten in verschiedene Richtungen warfen und somit eine Natur, die es so noch nie gegeben hat. So ein Licht war auf der Erde noch nie zu sehen. Nach Goethe ist also mit Rubens ein Künstler am Werk, der eine Natur aus dem Geiste neu erschafft.

Es gibt ein Wachzimmer mit anschließendem Flur, durch den Grünen Salon als Vorzimmer geht es zum Thronsaal, es gibt eine Marmorhalle, den Royal Pavilion sowie den Ballroom mit Orgel. Überall befinden sich wertvollste Möbel, Gemälde und Wandbeschläge sowie zahlreiche Fabergé Schmuckstücke, die ja zu den wertvollsten der Welt zählen.

Auf der Rückseite des Palastes befindet sich noch ein riesiger Garten oder eher Park, wo man eine bestimmte Vase bewundern kann. Sie ist 5 Meter hoch und wiegt 15 Tonnen. Sie wurde von Napoleon in Auftrag gegeben und soll eine Urne darstellen.

Tower of London

Der Tower of London ist eine Ringburg mit 2 Festungsringen, einem inneren Kreis und einem äußeren Kreis. Die Ausmaße sind gewaltig und von allen Seiten der Umgebung kann man von der Stadt her ein wenig über die Burgmauern hinweg in das „Burgleben" hineinschauen. Errichtet von Wilhelm dem Eroberer im 11. Jahrhundert, diente der Tower natürlich dem Schutz vor feindlichen Angriffen. Er war auch Waffenkammer, Lager und Gefängnis. Viele Jahrhunderte hindurch wurden hier sogar die gesamten Münzen des Königreichs geprägt. Über 7 Hektar groß ist das Gelände und man sieht hier mehr als in einem gewöhnlichen Museum.

Das Herzstück ist wohl das Juwelenhaus, in dem die Kronjuwelen des englischen Königshauses unter strengster Bewachung aufbewahrt werden. Man fährt als Tourist auf einem Laufband an mit Panzerglas geschützten königlichen Schmuckstücken und Diamanten vorbei. Überall stehen Wachen und beschützen die Kostbarkeiten. Im Juwelenhaus ausgestellt werden ebenso königliche Roben und Insignien (Zeichen des englischen Könighauses). Ansonsten ist es eine herrliche Burg und es gibt zahlreiche verschieden Museen, in denen sehr viele interessante Artefakte ausgestellt sind.

Der Tower of London musste in seiner Geschichte weniger gegen fremde Mächte verteidigt werden als gegen Aufruhr im eigenen Volk. 1460 versuchte der Duke of York (Richard Plantagent) vergeblich, mit Kanonen die Festung einzunehmen, er scheiterte und hinterließ nur leichte Beschädigungen an dem Burgwall. Nur aufgrund von Inaktivität bei einem Aufstand bzw. einer Rebellion konnte die Bevölkerung ein einziges Mal in die Burg hineingelangen und es fanden auch Plünderungen statt. Auf dem Gelände an einer abgelegenen Stelle werden oft die Krähen gefüttert (vermutlich sogar vom Personal des Towers). Das hat einen bestimmten Hintergrund: Laut einer Sage heißt es nämlich, dass, wenn die letzte Krähe den Tower verlassen hat, die Monarchie untergehen wird. (Sicher ist darin auch die konstitutionelle Monarchie eingeschlossen?)

Piccadilly Circus

Hier ist eigentlich das zweite Zentrum der Stadt. An schönen Sommerabenden am Wochenende pulsiert hier das Nachtleben und man spürt sehr gut, dass London eine Weltstadt ist. Man befindet sich im Stadtteil City of Westminster. Auch die Jugend putzt sich am Wochenende heraus und flaniert, bevor es in irgendeinen Pub oder eine Diskothek geht, die Straßen am Piccadilly Circus entlang. Klar, dass man diesen Platz am besten am Samstagabend besucht.

Beeindruckend sind die riesigen Leuchtreklamen, denn vor ein paar Jahrzehnten konnte kaum eine Stadt ein solches Glitzer- und Lichtspektakel vorweisen. Jahrzehntelang war dieses Bild von den Leuchtreklamen der Londoner City am Piccadilly Circus überall gegenwärtig und jeder wusste, welcher Ort gemeint ist. Man steigt, falls man nicht mit dem Taxi fährt, an der gleichnamigen U-Bahn-Station „Piccadilly Circus" aus.

Man gewinnt schnell den Eindruck, dass hier das eigentliche Leben Londons stattfindet. Schön ist auch, dass im Zentrum dieses Platzes oder „Circus" ein Brunnen steht. Es ist der „Shaftesbury-Gedächtnisbrunnen", gekrönt von einer Anteros-Statue, die als Symbol für den „Rächer der unerwiderten Liebe" steht. Er ist aber auch der Gott der „erwiderten Liebe", ein Liebesgott also, wie sein Bruder, und das ist kein geringerer als Eros, der Gott der Liebe. Wohl auch deshalb wird diese Statue oft fälschlicherweise im Volksmund als Eros-Statue tituliert. Der Name Piccadilly wird auf einen berühmten Schneider Londons von 1626 zurückgeführt, der gebrauchte Kragen, sogenannte „piccadills", an die betuchte Klientel der Stadt erfolgreich verkaufte.

Sehr bekannt am Piccadilly Circus ist das Criterion Theater von 1874 und der Londoner Pavilion, der heute eine begehrte Einkaufspassage beherbergt.

Trafalgar Square

Dieser Platz liegt im Stadtteil „City of Westminster" und wurde 1844 fertiggestellt. Die Themse und der St. James Park sind nur wenige Schritte von hier entfernt. Am Kap Trafalgar fand 1805 eine Seeschlacht während der napoleonischen Kriege mit Frankreich und Spanien statt. Die Briten erreichten in dieser Schlacht einen Sieg und erinnern mit diesem öffentlichen Platz an dieses Ereignis. Der Name Trafalgar ist spanischen und arabischen Ursprungs und bezeichnete ein Kap in Spanien. Es soll so viel wie „Kap der Höhle" oder evtl. „Kap des Westens" bedeuten. Mittelpunkt des Platzes bildet die Nelson`s Column, die von 4 Löwen-Statuen „bewacht" wird. Sie wurde 1843 fertiggestellt und gilt als Siegessäule (Granit und Bronze). Sie ist über 50 m hoch und ihr Namensgeber ist der siegreiche Admiral Horatio Nelson.

Auch seine Geschichte ist äußerst interessant und endete letztlich in der Schlacht von Trafalgar. Gegen eine Übermacht von französischen und spanischen Schiffen gelang es ihm mithilfe eines Durchbruchs durch die feindlichen Linien, die napoleonische Flotte vernichtend zu schlagen. Er verstarb jedoch noch am gleichen Tag seines Sieges durch eine feindliche Gewehrkugel. Dieser Tag begründete die englische Vormachtstellung auf See für viele Jahrzehnte.

Harrods

Was das KDW für Berlin ist, ist Harrods für London. Man sagt, bei Harrods bekommt man alles, selbst einen Elefanten. Es liegt im Stadtteil Royal Borough of Kensington and Chelsea und wurde 1834 erbaut. Heute ist das Kaufhaus im Besitz der Qatar Holding (Katar).

Überall im Haus sieht man Sicherheitspersonal, das zum Beispiel beim Tragen von Rucksäcken freundlich darauf hinweist, diese abzunehmen und in der Hand zu tragen. Eine bekannte Geschichte rankt sich ja auch um dieses Kaufhaus, da der Unternehmer Al-Fayed Eigentümer von 1985 bis 2010 war und dessen Sohn mit Prinzessin Diana befreundet war. Als Diana in Paris bei einem Verkehrsunfall ums Leben kam, saß Dodi Fayed neben ihr im Fahrzeug und starb ebenso. Beim Besuch des Kaufhauses kann man im untersten Geschoß ein altarähnliches Memorial anschauen, welches die eingerahmten Fotos der beiden Unfallopfer zeigt. Legendär ist die Lebensmittelabteilung von Harrods.

Hier im Erdgeschoß bekommt man alles, besonders auch frisches Obst, Gemüse, Fisch und Hummer von bester Qualität. Die einzelnen Abteilungen werden dort als „Food Halls" bezeichnet. Man sollte also bei einem London-Besuch diese Station auf keinen Fall auslassen. Selbst das Äußere des Kaufhauses zieht schon die Blicke auf sich, da rundherum mittelgroße Schaufenster kunstvoll drapierte Artikel mit grandioser Beleuchtung in Szene setzen.

Wer sich für Politik interessiert, muss unbedingt von hier aus kurz über die Basil Street gehen zur Ecuadorianischen Botschaft. Tragischer Hintergrund ist hier, dass Julian Assange (Wikileaks) in der Botschaft für 7 Jahre festsaß. Er bat eigentlich nur um Asyl, das ihm gewährt wurde, aber letztlich, da kein Staat der Welt bereit war ihn aufzunehmen, musste er, um eine Auslieferung zu verhindern, hier für Jahre bleiben.

London Eye

Das Riesenrad an der Themse kurz hinter der Westminster Bridge nennen die Engländer „London Eye", das „Auge von London". Die Aussicht aus diesem Riesenrad, auch „Millennium Wheel" genannt, ist natürlich atemberaubend. Mit 135 m Höhe ist es außerdem immer noch das größte Riesenrad Europas (bis 2006 war es noch das höchste Riesenrad der Welt). Die einzelnen Gondeln sind fast vollständig verglast und können jeweils bis zu 28 Besucher aufnehmen. Das London Eye dreht sich sehr langsam, sodass ein vollständiger Umlauf 30 Minuten dauert. Man hat also ausreichend Zeit, die ganze Stadt von oben zu betrachten. Das Ticket für eine Fahrt ist allerdings recht teuer und kostet um die 30,-€. Wenn man hier sparen will, kann man, wie für so viele Dinge, vor der Reise über das Internet bereits Karten bestellen und kaufen.

Madame Tussauds

Das wohl bekannteste Wachsfigurenkabinett der Welt findet man in London. An diesem Ort, in der Marylebone Road, befindet es sich seit 1884. Entstanden ist es aus einem Wanderkabinett für Wachsfiguren, später gab es den „The Baker Street Bazaar" (an der Baker Street), bis es dann letztendlich zu dem Namen Madame Tussauds gelangte. Gruselig ist die Entstehungsgeschichte dieser Technik durch Marie Grosholtz. Sie war die Begründerin des Museums und modellierte Köpfe von Hingerichteten, um deren Äußeres für die Nachwelt zu erhalten. Anfangs wurden die Köpfe aufgespießt und zur Schau gestellt, aber verwesten eben sehr schnell. Marie Grosholtz modellierte nun die Gesichter mit Totenmasken-Abdrücken für das Revolutionsmuseum.

Lustig ist natürlich schon im Eingangsbereich des Museums, dass man zum Teil nicht weiß, ob man nun einem Angestellten gegenübersteht oder einfach nur einer Wachsfigur. Man findet bei Madame Tussauds die königliche Familie, bekannte Sportler und Filmschauspieler aus aller Welt, aber auch Politiker und Wissenschaftler wie beispielsweise Albert Einstein, Michael Jackson, Thor, Dali, Van Gogh, Kate Moss, Van der Vaart, Dalai Lama, Prinzessin Beatrix, Daniel Craig, Marilyn Monroe usw. Ich würde auch keinem empfehlen, irgendwo in einer Ecke regungslos umherzustehen, denn sofort wird man von einer „crowd of people" bestaunt.

Speakers Corner und Hyde Park

Der Hyde Park ist von den "Grünen Lungen" Londons der größte Park. Er wurde von Heinrich VIII. 1536 für die Jagd geschaffen. Man nannte ihn einen Wildpark, der ein privates Jagdgebiet darstellte. Hier wurden natürlich auch einige bedeutende Feste gefeiert, wie zum Beispiel das goldene Jubiläum von

Königin Victoria 1887, bei dem 26.000 Schulkinder eingeladen wurden und diese auf Kosten des Königshauses speisen durften. Heutzutage findet vor Weihnachten hier das „Winter Wonderland-Event" statt, das sich großer Beliebtheit erfreut. Zu diesem Fest wird hier eine riesige Eisbahn errichtet. Das Ganze ist das größte Weihnachts-Event Europas. Im Park befinden sich zahlreiche Skulpturen, Denkmäler und Statuen.

Speakers Corner befindet sich ebenfalls im Hyde Park und ist eine Zone der freien Rede in London. Dieses Areal befindet sich in der nordöstlichen Ecke des Hyde Parks. Es ist erlaubt, über alle Themen der Gesellschaft zu diskutieren und vor allem zu referieren. Tabu ist einzig und allein die königliche Familie, die nicht beschimpft oder verunglimpft werden darf. Heutzutage ist diese Tradition etwas abgeebbt, sodass es bei einem Besuch vorkommen kann, dass man nur einen einzigen Redner der „Zeugen Jehovas" vorfindet.

Es reicht ein Stuhl oder eine Leiter, auf die man sich stellt, und schon geht es los. Schnell bildet sich um jeden Redner eine große Traube von Menschen. Je abwegiger die Rede ist, desto mehr Gegenrufe muss sich der Redner aus der Menge gefallen lassen. Das gehört auch zu Speakers Corner! Der richtige Hype dieser „Veranstaltung" begann schon am Ende des 19. Jahrhunderts. So ist aus Gewohnheit Tradition geworden und nun, nach 150 Jahren, kann man Speakers Corner schon als feste Einrichtung bezeichnen.

Portobello Road

Im Stadtteil Notting Hill findet man die „Portobello Road". Die ganze Straße dient u.a. zum Einkaufen von Lebensmitteln, für Touristen jedoch ist allwöchentlich der Samstag am begehrtesten. Markttag ist aber zudem auch noch Freitag. Hier findet man viele besondere Antiquitäten und vieles mehr. Heute hat London schon viele solcher artähnlichen Märkte, jedoch war vor einigen Jahrzehnten die Portobello Road ein absolutes Muss. Heute gilt sie schon wieder als Geheimtipp! Mit der U-Bahn fährt man am besten bis Notting Hill Gate oder wahlweise Ladbroke Grove oder auch Westbourne Park. Die Portobello Road liegt westlich des Zentrums und auch noch westlich des Hyde Parks.

Kensington Palace

Der Stadtteil, in dem das von der königlichen Familie genutzte Anwesen liegt, ist Royal Borough of Kensington and Chelsea. Kensington Palace gehört mit den Kensington Gardens nicht zum Hyde Park, obwohl die beiden Areale eigentlich direkt ineinander übergehen. Der Bereich liegt sowohl westlich des Zentrums als auch westlich des Hyde Park, an den er sich unmittelbar anschmiegt. In diesem Palast wurde Königin Victoria geboren, die, wie schon erwähnt, für Englands Fortschritt eine herausragende Rolle gespielt hat. Man kann die Kings State Apartments besichtigen mit zahlreichen Skulpturen und Kunstwerken. Will man schöne Kleider sehen, kann man hier Entwürfe für Prinzessin Diana anschauen, mit Skizzen und handschriftlichen Kommentaren der Prinzessin von Wales.

Dann natürlich wird das Leben von Königin Victoria beleuchtet, mit ihrer Liebe zu Indien, oder auch das Geheimnis hinter dem Koh-i-Noor-Diamanten (so viel sei nur gesagt: Er gehört zu den Kronjuwelen und gilt als einer der größten Diamanten der Welt. 1850 gelangte er aus Indien in die Hände der Queen).

Saint Paul's Cathedral

Als das "große Feuer" 1666 London verwüstete, war sozusagen gleichzeitig die Geburtsstunde der Saint Paul´s Cathedral. Als Architekt dieses imposanten Bauwerkes gilt Sir Christopher Wren. Im Hauptschiff findet man das größte Denkmal der Kirche, das des Duke`s of Wellington. Wellington (Arthur Wellesley) war jahrelang im Kampf gegen die Franzosen in Spanien und Portugal erfolgreich. Er schnitt Napoleon die Rückzugslinien nach Spanien ab. Letztendlich wurde die französische Armee durch ihn entscheidend geschwächt und die Großmachts-Ambitionen Napoleons zerstört.

Das Denkmal besteht aus einer Art riesigem Torbogen, auf dem der Duke zu Pferde sitzt. In der Krypta der Kirche, in den unteren Gewölben, findet man zahlreiche Gräber berühmter Persönlichkeiten, wie zum Beispiel Admiral Lord Nelson. Von der Kuppel aus gibt es die Möglichkeit, über die ganze Stadt hinweg zu blicken. Attraktion in der Kuppel ist die sogenannte „Whisper Hall", zu Deutsch „Flüstergalerie". Das Kuriose ist, dass, wenn man leise etwas an die Kuppelwand (im Inneren des Gebäudes) flüstert, der andere, der weit auf der anderen Seite des

Rundgangs steht, die Worte deutlich hören kann. Eine besondere Akustik macht es möglich, dass der Schall sozusagen gebündelt über eine große Distanz getragen wird. Erwähnenswert ist auf jeden Fall noch die Orgel der Saint Paul's Cathedral, denn auf ihr spielten keine geringeren als Georg Friedrich Händel und Felix Mendelssohn Bartholdy. 1981 fand übrigens hier die Hochzeit von Lady Diana und Prinz Charles statt.

Westminster Palace

Der Palace of Westminster ist der Sitz des britischen Parlaments. Er befindet sich im Stadtteil City of Westminster direkt an der Themse. An diesem Ort befinden sich direkt nebeneinander der Big Ben, die Westminster Abbey, der Westminster Palace, The Supreme Court, die Sir Winston Churchill Statue sowie die Mahatma Gandhi Statue, die beiden letzteren im Parliament Square Garden (Der Supreme Court stellt die höchste Gerichtsbarkeit und Instanz in Großbritannien dar). Der Big Ben ist unmittelbar an den Palast angegliedert.

Ein Brand im 19. Jahrhundert zerstörte fast das gesamte Bauwerk bis auf den Jewel Tower (1365 errichtet) und die Westminster Hall (1097 errichtet).

Im Mittelalter noch war der Westminster Palace der Hauptsitz der englischen Könige bis zum Jahre 1529. Erbaut wurde er durch Eduard der Bekenner, der auch Westminster Abbey errichten ließ. Eduard war sehr religiös, lebte sehr bescheiden und unterstützte die Armen. Mildere Gesetze wurden unter ihm festgeschrieben und er förderte die Verbreitung des Christentums, einfach durch seine Mildtätigkeit und Religiosität.

Die Fassade zur Themse hin ist bestückt mit vergoldeten Zinnen und den Statuen der englischen Könige, die sich vom anderen Ufer aus gesehen im Fluss spiegeln. Der größte Turm des Westminster Palace ist der Victoria Tower mit seiner auffällig eckigen Form. Er ist fast genau 100 Meter hoch und war sogar zur Zeit seiner Fertigstellung der höchste Turm der Welt!

National Gallery

Die National Gallery liegt direkt am Trafalgar Square. Da sie die größte Gemäldegalerie der Welt sein soll (hinsichtlich des Umfangs und der Bedeutung), wäre es schade, diese nicht zu besuchen, zumal der Eintritt frei ist (täglich von 10:00-18:00 Uhr, an Freitagen sogar bis 21:00 Uhr).

Die ausgestellten Werke sind natürlich nur ein Teil der ansonsten im Depot verwahrten Bilder. Restaurationen oder das Verleihen der Kunstwerke findet kontinuierlich statt. Begonnen hat die Sammlung 1824 durch die britische Regierung. Anfangs lag der Schwerpunkt in der Italienischen Malerei, später bei den Malern der Spät-Renaissance. Im 20. Jahrhundert wurde natürlich die zeitgenössische Kunst mit aufgenommen und über die Jahrzehnte wechselte der Schwerpunkt der Ausstellung, je nachdem, wer die Verantwortung für die National Gallery übernahm. Der spätere Ausbau des Ostflügels soll mit seiner achteckigen Vorhalle noch immer der imposanteste Teil der „Gallery" sein.

Einige der bedeutendsten Künstler mit ihren Werken sind Sandro Botticelli, Paul Cézanne, Vincent van Gogh, Claude Monet, Raffael, Pierre-Auguste Renoir, Tizian, Leonardo da Vinci und Rembrandt. Das liest sich wie das „Who is who" der gesamten Kunstwelt für Malerei. Keiner der berühmtesten und bedeutendsten Kunstmaler scheint zu fehlen.

Natural History Museum

Nicht nur für Kinder interessant und mit zum Teil lustigen Aspekten ist das Natural History Museum. Es liegt südlich des Hyde Parks nur wenige Schritte zu Fuß entfernt (Stadtteil South Kensington). Wahlweise kann man auch mit der U-Bahn bis South Kensington (Station) fahren und erreicht das Museum direkt über einen Fußgängertunnel. Die ständigen Ausstellungen sind in 4 Bereiche eingeteilt: Blue-, Red-, Green- und Orange-Zone.

Man sieht lebensgroße Astronauten als Statuen sowie Dinosaurier, die mit Sensoren auf die Besucher reagieren. In Originalgröße bewegen sie sich wie echte Saurier und ihr lautes Brüllen darf natürlich auch nicht fehlen. Für Kinder ein riesiger Spaß. Unterschiedliche Hohlspiegel stehen einem plötzlich im Weg, in denen man "etwas verändert" aussieht! Man findet einen Erdbebensimulator, der einen japanischen Supermarkt inklusive der Besucher des Museums durchschüttelt (aber mit der realen Kraft solch eines Bebens!). Es werden Pflanzen und Insekten, ausgestopfte Tiere und Skelette ausgestellt. Thema außerdem ist die Evolution, auch speziell die Entwicklung des Homo Sapiens. Was man hier noch findet: Die größte Meteoriten-Ausstellung der Welt. Das Gebäude des Natural History Museums wurde 1860 errichtet und fällt aus architektonischer Sicht unter den romanisch-byzantinischen Stil. Als Museum fungiert es seit dem Jahr 1881.

British Museum

Das British Museum befindet sich westlich des Londoner Zentrums zwischen dem Bloomsbury Square Garden und dem Bedford Square Garden. Es ist das klassische Museum, in dem alle kulturhistorischen Aspekte behandelt werden. Es ist nicht nur auf die Geschichte und Kultur Großbritanniens beschränkt, sondern dokumentiert die Entwicklung der Menschheitsgeschichte weltweit. 1759 wurde es an anderer Stelle eröffnet, bis ein Umzug in das heutige klassizistische Gebäude stattfand. Der imposante Lesesaal ist leider bis heute geschlossen. Bis 2007 beherbergte er tausende von Büchern, die natürlich heute anderweitig aufbewahrt werden. In dem riesigen Raum wölbte sich über den Magazinen eine gewaltige Kuppel aus Stahl und Glas mit einem Durchmesser von 42,5 Metern. Vielleicht ist es ja dennoch möglich, einen Blick in diesen Raum zu werfen. Neben den Millionen von Objekten ist das Museum bekannt für seine besondere Sammlung ägyptischer Mumien.

Monument

Das Monument erinnert die Briten an das „Große Feuer" (1666), bei dem 80 % der Stadt zerstört wurden. Das Feuer soll damals in einer Bäckerei ausgebrochen sein und da man zu dieser Zeit sehr viel Holz verbaute, breitete sich die Feuersbrunst rasant aus. Es liegt an der Fish Street in der „City of London", gleich nördlich der London Bridge. Das Kuriose ist, dass die Säule 61 Meter hoch ist und die Distanz von ihrem Standort bis zu der besagten Bäckerei genau 61 Meter beträgt. Die Spitze des Monuments krönt eine goldene Urne, die symbolisch für die Asche des Feuers steht. Mit einer Treppe können Touristen zu einer Aussichtsplattform hinaufsteigen.

Royal Albert Hall

Bekannt durch das Fernsehen ist vielleicht den meisten die Royal Albert Hall in London. „Night of the Proms" haben sicher schon einige gesehen. Es ist eine Veranstaltungshalle im Stadtteil Kensington. Hier kommt auch wieder Königin Victoria ins Spiel, denn die Royal Albert Hall wurde in Gedenken an ihren königlichen Ehemann erbaut. Es war der deutsche Adelige Prinz Albert von Sachsen-Coburg und Gotha. Sie soll ihn sehr geliebt und Zeit ihres restlichen Lebens um ihn getrauert haben. Die 1871 fertiggestellte Orgel war damals die größte der Welt. Viele Größen der klassischen Musik, aber auch der Pop- und Rockmusik haben hier Konzerte gegeben! Der Innenraum dieses kreisrunden Gebäudes ist sehr imposant und vielleicht auch sehr besonders, da man wie in einer Arena von allen Seiten auf die „Bühne" schauen kann.

DIE SCHÖNSTEN HOTELS, BARS UND RESTAURANTS

Das Buchen eines Hotels in London kann sich als recht schwierig erweisen. Entscheidet man sich für ein Hotel, so sollte man hohe Übernachtungskosten einplanen, denn wer in London Sparfuchs sein will, kann böse Überraschungen erleben. Aufgrund der ständig hohen Nachfrage ist eigentlich kein Hotel günstig, es sei denn, es ist nur 6 Meter breit und hat 5 Stockwerke. Selbst Doppelzimmer können hier so klein sein, dass sie, wenn Sie von der Tour durch die Stadt am Abend zurückkommen, aufgrund von Platzmangel schwermütig werden können.

Dann würde ich lieber ein 8-Bett-Zimmer in einem der günstigen Hostels vorziehen, obwohl dies vielleicht eher für junge Leute geeignet ist. Die Betten in solchen Hostels verfügen meist über eine Gardine, sodass man auf jeden Fall beim Schlafen seine Privatsphäre aufrechterhalten kann. Auch die Frühstücksräume können in solchen Etablissements besser und vor allem geräumiger sein als in einem kleinen günstigen Hotel. Zu empfehlen wären hier:

Hotels:

„SoHostel", nur unweit der City, 2 km nördlich, nähe Oxford Street (ca. 17,-€/Nacht, Frühstück im Preis inbegriffen)

„The Birds Hotel", 11 km vom Stadtzentrum entfernt, weit nördlich, an der Eastern Avenue (ca. 12,- €/Nacht, Frühstück im Preis inbegriffen)

„Wombats City Hostel London", 3,6 km vom Stadtzentrum entfernt, ganz in der Nähe der Tower

Bridge (ca. 22,-€/Nacht, Frühstück muss extra bezahlt werden)

Die Nachfrage nach solchen Mehrbett-Zimmern ist sehr groß, daher ist es zu empfehlen, sich auch hier rechtzeitig über das Internet zu informieren und gleich zu buchen. Ein gutes Portal wäre zum Beispiel „hostelworld.com".

Ein Hotel bietet natürlich mehr Komfort und oft auch ein noch besseres Frühstück bzw. Frühstücksbuffet. Die Preise für Übernachtungen in London sind sehr hoch und selbst wenn man Monate vorher buchen will, kann es passieren, dass das gewünschte Zimmer gar nicht mehr zu haben ist. Als Beispiel und zur Orientierung hier ein paar schöne Hotels in Londons Zentrum:

(Die exakten Preise richten sich natürlich nach Saison und Ausstattung, Urlaubstage, mit oder ohne Kinder usw.)

„Arments Court B&B", Stadtteil Southwork, 3,7 km vom Stadtzentrum entfernt (Doppelzimmer für 2 Personen incl. Frühstück, 4 Nächte 890,-€ / 7 Nächte 1558,-€ Garten- und Stadtblick, WLAN inklusive)

„The Chamberlain", nördlich der Towerbridge, 3,6 km vom Stadtzentrum entfernt (Doppelzimmer für 2 Personen, 4 Nächte 588,-€ / 7 Nächte 1221,-€ WLAN inklusive, Restaurant und Bar im Haus)

„Double Tree by Hilton Hotel", direkt an der Towerbridge, 3,1 km vom Stadtzentrum entfernt (Doppelzimmer für 2 Personen, Frühstück kostet extra, 4 Nächte 2004,-€ / 7 Nächte 3507,-€)

Bei jungen Leuten sehr beliebt sind die privaten Unterbringungen in London, da der Urlaub ansonsten recht teuer werden kann. Aber auch für ältere Generationen können diese Angebote interessant sein. Sehr verbreitet ist das Portal „airbnb", das eine große Auswahl an Zimmern in der ganzen Stadt bietet. Im Vergleich zu den Hotels und Hostels zahlt man hier pro Nacht für 2 Personen ca. 50-150,-€.

Restaurants:
„Honest Burgers"
Das Honest Burgers ist ideal für ein günstiges Essen im Zentrum der Stadt. Es liegt an der Meard Street im Stadtteil Soho, südlich der "Soho Square Gardens", und ist schnell zu Fuß (400m) vom Piccadilly

Circus aus nach Norden zu erreichen. Es gibt Burger mit Hühnerfleisch, Rindfleisch oder vegetarische und vegane Burger. Dazu gibt es immer gesalzene Rosmarin-Chips.

„Kingly Court"

Das Kingly Court ist ein kleiner Geheimtipp. Es handelt sich um einen romantischen Innenhof mit mehreren Restaurants. Es liegt an der Kingly Street in Soho unweit des Piccadilly Circus, schnell zu Fuß in nord-westlicher Richtung zu erreichen. Der ganze Gebäudekomplex ist übrigens dreistöckig und beherbergt 21 internationale Restaurants. Das Rum Kitchen wird wegen des guten Essens gern besucht und zudem gibt es wunderbare Cocktails. Es gibt indische Restaurants, Sushi oder das Pizza Pilgrims.

Shake Shack

Das Shake Shack gilt als einer der besten Fastfood-Ketten und bietet günstige Burger mit hoher Qualität. Natürlich ein Import aus Amerika. Das Schnellrestaurant liegt im Stadtteil Covent Garden, gleich am Ende (nördlich) der Southampton Street (weitere Shake Shacks findet man in unmittelbarer

Umgebung des Zentrums noch an der Tottenham Court Road in Soho, am Leicester Square und am Mansion House). Wer gerne gute Burger isst, wird wahrscheinlich in London kaum bessere finden, doch die Meinungen gehen dabei wie immer weit auseinander.

Fifteen Restaurante

Das „Jamie Oliver`s Fifteen" gilt als Geheimtipp in London und bietet moderne britische Küche. Nicht ganz sicher ist, ob das Restaurant momentan dauerhaft geschlossen ist, daher gehe ich nicht weiter auf diesen Tipp ein. Es liegt am Westland Place im Bereich von „Little Portugal", wie diese Gegend im Volksmund heißt.

Peninsula Restaurant

Dieses Restaurant bietet hervorragendes Essen und einen wundervollen Ausblick auf die Themse und London. Das Restaurant befindet sich am Millennium Dome am südlichen Themseufer (Der Blackwell-Tunnel verbindet hier für die Autofahrer die beiden Flussufer). Die Preise auf der Speisekarte unterscheiden sich kaum von denen eines guten Restaurants in Deutschland.

Ein Drei-Gänge-Menü beispielsweise (es gibt hier auch Sieben-Gänge-Menüs) kostet pro Person 38,- Pfund. Das ist vielleicht nicht billig, aber für ein gutes Essen kann man das durchaus bezahlen. Speziell Weinliebhaber kommen hier auch auf ihre Kosten, denn das Peninsula bietet 400 verschiedene Weine an! Die Küche ist wohl schon im gehobeneren Bereich anzusiedeln. Die Atmosphäre ist ausgesprochen gut, das Personal sehr zurückhaltend und sehr freundlich.

Natürlich ist es Pflicht, die legendären Londoner Pubs zu besuchen. Hier ein paar Empfehlungen:

Pubs:
„Ye Olde Mitre Taverne"
Dieser Pub ist über 400 Jahre alt und das will schon etwas heißen. Er liegt passenderweise gleich in der Nähe von einer der ältesten Kirchen Londons, der St. Etheldreda`s Church von 1280. Man findet diesen Pub nördlich der Themse in Verlängerung der Blackfriars Bridge, von dort aus nach Norden die Farringdon Street entlang und dann links (nach Westen) in

die Charterhouse Street. Hier gibt es einmalige Biere vom Fass: London Pride, Frontier, Oliver`s Island, Seafarers und Cornish Orchards.

„The Grapes"

Der „The Grapes"-Pub liegt in der Nähe der Themse und hat sogar rückwärtig einen schönen Balkon, um gemütlich bei bester Aussicht ein Bier zu trinken oder Pint, wie die Briten gerne sagen. Er liegt an der Narrow Street am nördlichen Ufer der Themse. Dafür muss man schon ein paar Kilometer mit dem Taxi in Richtung Westen/Canary Wharf (Bürogebäudekomplex auf der Isle of Dogs) fahren. Kurz davor erreicht man „The Grapes". Der Pub gehört dem berühmten Schauspieler Sir Ian McKellen (Gandalf aus „Herr der Ringe").

„The Mayflower"

Auch dies ist ein uralter Pub von 1550. Hier sollen schon Piraten und Seeleute eingekehrt sein. Er gilt als ältester Pub an der Themse und liegt im Stadtteil Rotherhithe. Vom Zentrum aus geht es nach Osten und am Südufer der Themse kurz hinter den kleinen King`s Stairs Gardens entlang, dann ist man schon da. Auch hier kann man einen herrlichen Ausblick über die Themse genießen, dafür muss man allerdings das darüberliegende und dem Pub angeschlossene Restaurant besuchen. Die besten Fish and Chips Londons gibt es hier, behaupten jedenfalls die Besitzer. In dem gemütlichen Pub findet man zahlreiche Biersorten, wie zum Beispiel Bierstadthalsöl, Camden Hells, Pink IPA, Guiness, Estrella, Birra Moretti, Amstel usw.

Falls man ein Bier bestellt und sich an die Gepflogenheiten der Briten halten will, so verlangt man ein „Pint". Das Pint ist eigentlich ein veraltetes Raummaß für Flüssigkeiten, aber auch für normale Zutaten in der Küche wie Mehl und Zucker. Daher sagen die Briten auch „a half pint", ein halbes Glas Bier. Dies entspricht in den Pubs ca. 0,28 Litern.

Ein volles Glas Bier ist hier also mehr als ein halber Liter, nämlich genau 0,5683 Liter. Witzig ist, dass, wenn man sich heute den Höchstfüllstand von Wasserkochern anschaut, man oft die Zahl 1,7 Liter findet und das entspricht fast exakt der Flüssigkeitsmenge von 3 Pints. Das kommt daher, weil die Nutzung von solchen Geräten in England schon sehr früh außerordentlich beliebt war und diese

Gewohnheit erst viel später das restliche Europa erreichte.

Diskotheken:

Falls man sich jung genug fühlt, wird ein Disco-Besuch im London-Urlaub wohl nicht fehlen. Aber wo gibt es gute

„Tanzlokale in der Hauptstadt? Hier ein paar Tipps:

"Phonox"

Südlich der Themse im Stadtteil Brixton findet man das Phonox. Es liegt an der Brixton Road südlich des kleinen Max Roach Parks. Die Getränke sind nicht zu teuer, der Club hat eine professionelle Beschallung und beste Beleuchtung. Die Stimmung ist sehr gut und das Personal gilt als sehr freundlich.

„The Underworld Camdon"

Ein sehr großer Pub ist das Underworld Camden direkt an der U-Bahn-Station Camden Town. Der Stadtteil ist natürlich ebenfalls Camden Town und liegt nordwestlich des Zentrums. Über dem Underworld Camden gibt es auch noch einen weiteren Club, das "The World`s End". In ersterem Club residiert seit Jahrzehnten die Rock, Goth und Punk-

Szene und auch heute noch ist die Musik etwas "rockiger". Es wird viel Hard Rock und Heavy Metal gespielt. Die Getränke sind hier eher etwas teurer als im Durchschnitt.

"fabric"

Der Nachtclub „fabric" liegt in London-Farringdon in der Charterhouse Street. Am Türsteher kommt man nur vorbei, wenn man mindestens 19 Jahre alt ist. Und man braucht einen Personalausweis (manchmal reicht auch ein Reisepass oder Führerschein), der abgescannt wird. Kommt man hinein, findet man 3 Tanzflächen (natürlich räumlich voneinander getrennt), von denen eine als „Bodysonic"-Fläche betrieben wird. Das heißt, sie hat einen vibrierenden Boden, auf den die Bassfrequenzen der Musik übertragen werden. Techno-, House- und Disco-Fans kommen hier auf ihre Kosten, daher ist auch das Publikum meist sehr jung.

Geschichten und Plätze

Außergewöhnlich für eine Großstadt wie London sind ihre „Grüne Lungen". London besitzt zahlreiche Parks, von denen der Hyde-Park der größte ist. Hier können Sie Orte finden, die wahrscheinlich noch kein Tourist zu Gesicht bekommen hat.

Camden Market ist auch ein Geheimtipp, der als „schräge Ecke Londons" gilt. Er liegt im gleichnamigen Stadtviertel Camden Town, nördlich des Regent`s Canal. Vom Zentrum Londons aus gesehen liegt es nordöstlich Richtung Hampstead.

Zahlreiche kuriose Läden gibt es hier und viel „Street Food" mit internationalem Charakter. Auf jeden Fall ist hier auch immer etwas für den kleinen Geldbeutel dabei. Auf dem Camden Market trifft sich natürlich die junge Generation, die solche Angebote sucht. 1000 einzigartige Geschäfte, Stände, Bars und Cafés gibt es hier. In den Räumlichkeiten eines alten Clubs findet man den „Electric Ballroom". Der alte Club bestand sogar schon in den 1930er Jahren.

Dann ist da noch der Borough Market. Von der London Bridge etwas südlich, in der Nähe der Southwark Cathedral, ist dieser Bereich in wenigen Minuten zu Fuß erreicht. Auch hier gibt es verschiedenes „Street Food", vielleicht etwas teurer als auf dem Camden Market, aber das Essen gilt als sehr gut. Eigentlich handelt es sich hier um einen traditionellen jahrhundertealten Wochenmarkt, der wohl schon seit dem 13. Jahrhundert existiert. Manche wollen auch schon erforscht haben, dass er noch viele Jahrhunderte älter ist. Daraus, dass dies eigentlich schon immer ein Wochenmarkt war, ergibt sich natürlich, dass man hier nach wie vor auch sehr gut Lebensmittel wie Obst und Gemüse, frisch und von sehr guter Qualität, einkaufen kann.

Auch für die Londoner Bevölkerung ist dies „der Wochenmarkt der Stadt". Von Donnerstag bis Samstag ist hier geschäftiges Treiben, an anderen Wochentagen kann man Pech haben, da viele Anbieter geschlossen haben. Empfangen wird der Besucher des Borough Market von einer riesigen Eingangshalle, jedoch bildet dieses Gebäude allein nicht den Borough Market, sondern viele Anbauten haben das Areal vergrößert. In den letzten Jahren musste der Markt (vielen Baustellen geschuldet) sich wieder ein wenig „Gesundschrumpfen".

Vielleicht auch nicht so bekannt und noch recht neu ist das „The Shard", frei übersetzt „die Scherbe". Das Hochhaus, besser schon Wolkenkratzer, ist 310 Meter hoch und liegt in Southwark. Es hat 72 nutzbare Stockwerke und wird von den Touristen als einmalige Aussichtsplattform genutzt. Fertiggestellt wurde der Bau 2013. Mit der U-Bahn steigt man an der Station "London Bridge" aus und gelangt über die Joiner Street in den Wolkenkratzer. Der Fahrstuhl soll außerordentlich schnell die über 70 Stockwerke überwinden (er braucht nur 60 Sekunden). Mit Multimedia-Effekten und Spiegeln werden während des Auf- und Abstiegs zudem Fahrten durch historische Gebäude, wie der Kuppel der St. Paul's Cathedral, simuliert.

Ein Rundum-Ausblick auf London wartet hier auf Sie. Zum einen kann man das Panorama durch riesige Glasfenster genießen, zum anderen kann man sogar auf die freie Aussichtsplattform steigen. Man befindet sich hier auf immerhin 230 Metern Höhe. Bei gutem Wetter kann man angeblich 60 Kilometer weit schauen. Hier gibt es auch ein Bistro und eine Boutique mit Souvenirs für die Touristen. Es warten auch für die große Brieftasche mehrere 5 Sterne Restaurants im Shard. So zum Beispiel das "Obelix West", wo ein Essen für 2 Personen mit Champagner 295,- Pfund kostet. Weiterhin das "Hutong", das orientalisches Essen bietet und für 2 Personen 198,- Pfund kostet.

Oder Sie besuchen das "Aqua Shard", für ein Essen für 2 Personen mit Champagner bezahlen Sie hier 165,- Pfund. Ein einmaliges Erlebnis, mit seiner Liebsten hier zu speisen, ist vielleicht gar nicht so abwegig! Wer hat das schon gemacht? Außerdem kann man auch Zimmer oder Suiten im Shard buchen. Anbieter ist das "Shangri-La Hotel". Dieses 5 Sterne Etablissement verbreitet hier mit seiner

Einrichtung orientalischen Glanz. Die deckenhohen Fenster bieten einen tollen Ausblick. In den Suiten ist sogar ein Buttler-Service inklusive. Die Architektur dieses Wolkenkratzers ist schon sehr besonders. Am höchsten Punkt befinden sich riesige Glasfragmente, die eine "offene Spitze" formen – es hat eben den Anschein von riesigen Scherben (The Shard).

Schließlich haben wir noch Spitalfields im Stadtteil London Borough of Tower Hamlets. Der Name dieses „Marktes" leitet sich von einem im 12. Jahrhundert hier errichteten Krankenhaus ab. Mit zwischenzeitlicher Unterbrechung fand man hier schon immer einen Obst- und Gemüsemarkt, heute speziell für biologisch erzeugte Lebensmittel. Doch das ist nicht alles: Viele junge Leute strömen her, weil sich hier einer der wichtigsten Kunstszenen Londons etabliert hat. Viele einheimische Künstler leben auch in diesem Viertel. Nicht immer war die Zeit für die Bewohner so rosig, denn der Stadtteil gehörte im 19. Jahrhundert zu den Elendsvierteln Londons.

Anreise, Kosten und Spar-Tipps

England ist kein Mitglied im Schengen-Raum. Seien sie gefasst auf Passkontrollen am Flughafen! Geld sollte man erst in England tauschen, und zwar nicht am Flughafen, sondern in der Stadt selbst. Es kommen Wechselstuben in Frage, wo man einen guten Kurs, aber evtl. bis zu 10 % Gebühren zahlt. Besser ist es dann, mit der EC-Karte bei einer Bank Geld abzuheben, man sollte sich aber dennoch vorher nach den Wechselgebühren erkundigen. Kreditkarten sind natürlich immer eine gute Möglichkeit, um zu bezahlen oder ebenfalls

Geld abzuheben. Zurzeit liegt der Wechselkurs von Euro zu Pfund Sterling bei ca. 88 %, das heißt, Sie bekommen für 100 Euro 88 Pfund. Andersherum kosten Sie 100 britische Pfund 114 Euro.

Fliegt man von Deutschland nach London, bieten sich verschiedene Fluggesellschaften an. Allen voran natürlich durch die spottbilligen Preise:

Ryan Air:

Fliegt man mit Ryan Air z. B. von Düsseldorf nach London, zahlt man für Hin- und Rückflug 37,- €. Mit Glück findet man bei dieser Fluggesellschaft auch Flüge für 20,- €. Zu ungünstigen Tageszeiten sind es 86,- €, ohne Zwischenstopp selbstverständlich. Ryan Air startet auch von Karlsruhe, Dortmund, Bremen und Memmingen. Die Flugzeit dauert je nach Startflughafen ca. 1 Stunde und 10 Minuten.

Jedem bekannt ist ja, dass man dann natürlich auf kleineren Flughäfen außerhalb der Stadt landet und gleichzeitig betrifft dies auch den Startflughafen. Das kostet natürlich ein bisschen Zeit. Mit dem Bus geht es vom Ryan Air Flughafen Stansted, der östlich von London liegt, in 50 Minuten weiter in die Londoner Innenstadt. Die Kosten für den Bus betragen 8-10 Pfund. Über das Internet, z. B. über booking.com, kann man hier auch durch das vorzeitige Buchen sparen.

Eurowings:

Bequem und schnell fliegt man noch einigermaßen günstig mit Eurowings. Hier müssen Sie für Hin- und Rückflug mit ungefähr 100,- € rechnen. Dafür landen Sie aber auch in Heathrow und sind damit praktisch schon in London. Mit einer sehr guten Zugverbindung sind Sie in 33 Minuten in der City, mit dem „Heathrow-Express" sogar in 15 Minuten. Hier kostet das Ticket allerdings stolze 22,- bis 27,- Pfund, je nachdem, ob man vorher per Internet bucht oder nicht.

Lufthansa:

Fliegt man mit Lufthansa, zahlt man für Hin- und Rückflug 160-170,- € und landet in London Heathrow. In den Wintermonaten kann es durchaus billiger werden, dann kann der Preis sogar bei nur 110,- € liegen. Viele Flüge der Lufthansa gehen nach London und ab Deutschland kann man mehrere Flughäfen auswählen: München, Hamburg, Düsseldorf, Hannover, Saarbrücken, Dortmund, Karlsruhe,

Paderborn und Nürnberg. Kaum zu glauben ist, dass man mit Lufthansa tatsächlich einen Zwischenstopp in Frankreich einlegt und damit über 4 Stunden unterwegs ist. In Heathrow angekommen, geht es genauso wie oben bei Eurowings beschrieben weiter.

Neuerdings kann man neben der Bahn auch mit den Flixbussen London erreichen.

Mit der Bahn ist man 17 Stunden unterwegs und zahlt 60 bis 70,- €. Dieser äußerst günstige Tarif ist aber momentan nicht mehr im Angebot und soll demnächst mit der englischen Bahn neu verhandelt werden. Man muss also mit weit höheren Reisekosten rechnen.

Mit dem Flixbus fährt man 17-20 Stunden und zahlt aber garantiert nur 60-80,- €, abhängig davon, von wo aus man in Deutschland abfährt. Etwas nachteilig ist, dass man in den meisten Fällen umsteigen muss. Umsteigepunkte sind Frankfurt/Main, Dortmund, Brüssel/Belgien oder Sloterdijk/Niederlande.

Außer Acht lassen möchten wir die Fahrt mit dem Auto, da selbst gute Autofahrer wohl ungern im Linksverkehr durch eine Großstadt fahren. So viel sei gesagt: Der Preis für Benzin (926 km ab

Hamburg) und die Kosten für die Überfahrt per Schiff bzw. die Maut für den Eurotunnel liegen insgesamt (Hin- und Rückfahrt) bei 380,- € und mehr!

Die letzten Meter kann man mit dem Taxi/Cab zurücklegen oder man benutzt die U-Bahn. Auch für den weiteren Verlauf des Urlaubs bietet sich bezüglich der Tube noch folgendes an:

Ganz unkompliziert fährt man mit der Oystercard durch London. Diese gilt für die gesamte U-Bahn und man spart sich Wartezeiten an den Ticket-Schaltern. Es ist eine Plastikkarte, die man immer wieder aufladen kann. Sie kostet lediglich Pfand (5 Pfund), den man sich nach Gebrauch, wie man will, wiedererstatten lassen kann oder mit nach Deutschland nimmt, um den Restwert im nächsten Urlaub zu nutzen. Sie können auch sämtliches Kleingeld, was sich ja so oft im Portemonnaie ansammelt, am Ende des Urlaubs auf die Karte buchen.

Erinnerungen - Was bleibt?

Man sagt, die Seele schwingt ein paar Tage nach, das heißt, oft erfasst man die ganzen Eindrücke eines Urlaubs erst ein paar Tage später. Daher ist es vielleicht auch gut, selbst, wenn man nur ein paar Tage in London verbringt, möglichst viel zu unternehmen. Im Nachhinein ist man völlig erstaunt, wie reich die Eindrücke dann sind, die noch in einem nachklingen. Ich würde auch jedem empfehlen, überhaupt für jeglichen Urlaubstrip, vorher Einiges zu lesen und im Internet anzuschauen. Eine durchstrukturierte

Planung ist dabei überhaupt nicht das Ziel. Im Gegenteil, man hat ein paar Inspirationen und vor Ort besucht man die Plätze, Kirchen und Museen etc., die einen dann brennend interessieren, weil man schon Einiges weiß. Liest man zum Beispiel die Geschichte und das „Drumherum" von Westminster Abbey und sieht dann später real die Grabstätten von Maria Stuart und Elisabeth I., ist das schon ein außerordentliches Erlebnis. Die Kathedrale ist auch ein einzigartiges Gebäude, was es so in der Welt sicherlich nicht oft gibt!

Letztlich ist der Konsum von schönen Skulpturen, Kirchen, historischen Gebäuden und Palästen, von Gemälden und Denkmälern immer ein wenig zweifelhaft. Betrachtet man ein Bild von Paul Rubens, vielleicht sogar 2 Stunden lang, was soll da noch an Steigerung möglich sein? An solch einem Artefakt kann man die Kunst und deren Bedeutung verstehen, man steigt tief in die Rätsel des Lebens hinein und taucht bestenfalls verändert in den Alltag wieder auf.

Alles, was uns insofern auf einer solchen Reise "begegnet", ist ein Aufruf an unser Bewusstsein! Die alten Genies hätten sicher nicht empfohlen, „Schau dir das Gemälde kurz an, mach ein Foto und ab zum nächsten". Solche „Schätze", die einen bereichern, sind also in der ganzen Stadt zu finden. Vergleicht man aber London mit Berlin oder Hamburg, so fällt das Urteil eindeutig aus. Diese Vielfältigkeit und dieser Reichtum an kunstvoller Architektur sind wohl schon einmalig in der Welt. Daraus folgt auch zwingend, dass jeder, der London besucht, teilweise völlig andere Erfahrungen und Erlebnisse mit sich nach Hause trägt.

Einen Pub-Besuch oder gar ein gutes Essen in einem der zahlreichen Restaurants sollte die Urlaubskasse schon hergeben.

Bezeichnend für die heutige Zeit ist ja auch das "Street Food", was nichts anderes ist als Fast Food. Die neue Bezeichnung soll die schon alte Kritik gegen diese Esskultur verdecken. Wenn man sehr gutes Essen "auf die Hand" nimmt, weil man sich das Restaurant nicht leisten kann, ist das auch in Ordnung. Man ist jung und nur für ein paar Tage hier, alles andere war vielleicht schon teuer genug.

Für London lohnt es sich also auf jeden Fall, lange zu sparen und für 10 Tage oder gar 2 Wochen zu buchen. Hier wird es nie langweilig, ganz im

Gegenteil, hier kann ein Tag durchaus mühsam werden. Trotz der genialen Mobilität durch die U-Bahn muss man trotzdem viel zu Fuß erobern, allein der Besuch und die Besichtigung des Tower of London lässt einen schon ein paar Kilometer laufen.

Aber gerade so ein paar "Strapazen" im Urlaub sind später unvergesslich und man möchte diese besonderen Erlebnisse auf keinen Fall missen. Vielleicht hat man ja sogar das Glück gehabt, ein paar "Einheimische" kennenzulernen, auf den Markets, in einem Pub oder im Café. Sowas vergisst man meistens nie, weil es etwas sehr persönliches ist. Also nur Mut und die Chance nicht verstreichen lassen, wenn sich ein nettes Gespräch ergibt. Bleibt man „am Ball" und gibt nicht gleich auf, kann sich ja einmal eine längere Unterhaltung ergeben – zumal viele Engländer ja selbst oft in London als Touristen unterwegs sind und viele andere Geschichten aus Großbritannien auf einen warten.

Was natürlich für viele Städte der Welt gilt, nicht nur für London, ist, dass man eigentlich eine Art Zeitreise bei einem Besuch solch einer Metropole erlebt. Aber was London hier zu bieten hat, kann keine zweite Stadt der Welt vorweisen. Überall der

Stempel der Kulturen aus verschiedenen Jahrhunderten, manifestiert in den Bauwerken der Stadt. Von der London Bridge, die wohl schon im Jahr 46 nach Christus als Holzbrücke existierte (!), über den Tower of London und die Westminster Abbey bis zum schon fast jungen Big Ben und der „modernen" Klappbrücke, der Tower Bridge.

Und selbst diese beiden letzteren architektonischen Meisterleistungen sind inzwischen 110-170 Jahre alt. Welche Stadt ist so durchtränkt von Kultur wie Englands Hauptstadt? Oder wer hat schon einmal ein Original von Rembrandt oder Van Gogh gesehen? Da muss man in Deutschland schon lange reisen oder lange warten, bis die entsprechende Ausstellung in der nächsten Großstadt stattfindet. Hier geht man einfach in die traditionellen Museen oder in den Buckingham Palace und wird sofort fündig. Gar nicht gesprochen habe ich eigentlich von William Shakespeare und London.

Dafür gibt es eine interessante Webseite, die allein diese Verbindung herausarbeitet. Goethe, selbst ein Universalgenie, aber auch Schiller verehrten Shakespeare als den größten Dramatiker, der je gelebt hat. Goethe hat einmal erwähnt, dass er froh war, die Werke von Shakespeare erst im gesetzteren Alter gelesen zu haben.

Er urteilte, dass sie ihn als Künstler regelrecht zerstört hätten, denn: „Was hätte ich noch schreiben und ausdenken sollen, nachdem mir bewusst geworden wäre, dass er den „Acker der Kunst" schon in solcher Vollkommenheit bearbeitet hat?" Shakespeare arbeitete in London anfangs am Globe-Theater. Erstaunlich ist seine von ihm selbst in Auftrag gegebene Grabinschrift, die es bewirkt hat, dass es bis heute keiner gewagt hat, seine Gebeine zu untersuchen. Dies war auch seine Absicht und der Wortlaut (in alter englischer Sprache) ist folgender:

Good friend for Jesus sake forebeare – To digg the dust encloased heare

Bleste be the man that spares thes stones – And curst be he that moves my bones

Auf Deutsch in etwa:

O guter Freund, um Jesu Willen grabe nicht – im Staube, der hier eingeschlossen liegt

Gesegnet sei, wer schonet diese Steine – verflucht sei, wer bewegt meine Gebeine

Also, was bleibt von London in Erinnerung? Vielleicht die schwarzen Cabs, die roten Doppeldeckerbusse oder die schnelle Fahrt mit der Tube durch den Untergrund. Vielleicht die alten Pubs, die Gemälde der alten Meister oder ein paar Ritterrüstungen. Vielleicht die Kronjuwelen, der Big Ben oder der Blick vom Shard hinunter auf die ganze Stadt. Wer weiß?

Packliste

Geld & Finanzen

O (evtl.) Auslandswährung

O Bargeld

O Bauchtasche

O Brustbeutel

O Bauchtasche

O EC-Karte

O Kreditkarte

O Notfall-Telefonnummern der Banken

O Portmonee

Hygiene

O Haarbürste / Kamm

O Deo (klein)

O Shampoo

O Kulturtasche

O Sonnencreme

O Taschentücher

O Reise-Zahnbürste und Zahnpasta
O Verhütungsmittel

Kleidung

O Badeklamotten
O Gürtel
O Hosen kurz / lang
O Mütze / Cap / Hut
O Pullover
O Regenjacke
O Schlafanzug
O Socken
O Sonnenbrille
O Sportklamotten / Jogginghose
O T-Shirts
O Unterwäsche

Medikamente

O Blasenpflaster
O Anti-Durchfalltabletten
O Erste-Hilfe-Set

O Fiebertabletten

O Fiebertabletten

O Mückenschutz

O sonstige Medikamente

O Pflaster

O Kopfschmerztabletten

Unterlagen & Papiere

O ADAC Unterlagen

O Adresslisten für Postkarten

O Krankversicherungsnachweis

O Stadtplan

O Führerschein

O Unterlagen für die Unterkunft

O Wasserdichte Hülle für Reiseunterlagen

O Impfausweis

O Mietwagenunterlagen

O Personalausweis

O Reisepass

O Reisetagebuch

O evtl. Studentenausweis

O evtl. Visum
O Zug- / Bahn- / Flugticket

Taschen & Rucksäcke

O Koffer / Trolley / Reisetasche
O Regenhülle für Rucksack
O Rucksack

Schuhe

O Badeschlappen / Hausschuhe
O Schuhe und Wechselschuhe

Sonstiges

O Brille / Kontaktlinsen und Etui
O Buch zum Lesen
O Ohrenstöpsel und Schlafmaske
O Regenschirm
O Reisedecke
O Wasserflasche
O Wörterbuch

Elektronik

O Digitalkamera
O Handy
O Ladekabel
O Kopfhörer
O evtl. Steckdosenadapter
O Power-Bank

Herstellung und Verlag:

BoD – Books on Demand, Norderstedt

ISBN: 9783750469440

© Emilia Sparringa 2020

1. Auflage

Kontakt: Psiana eCom UG/ Berumer Str. 44/ 26844 Jemgum

Covergestaltung: Fenna Larsson

Coverfoto: depositphotos.com